Stephan von Spalden

Ein Blick

© 2017 Stephan von Spalden
Umschlag, Illustration: Stephan von Spalden
Coverbild von Stephan von Spalden
Bilder Seite 36 und 71 von Astrid von Spalden

Verlag: tredition GmbH, Hamburg

ISBN
Paperback   978-3-7439-4707-8
Hardcover   978-3-7439-4708-5
e-Book   978-3-7439-4709-2

Printed in Germany

Das Werk, einschließlich seiner Teile, ist urheberrechtlich geschützt. Jede Verwertung ist ohne Zustimmung des Verlages und des Autors unzulässig. Dies gilt insbesondere für die elektronische oder sonstige Vervielfältigung, Übersetzung, Verbreitung und öffentliche Zugänglichmachung.

Für Romy

Eine Rose ist eine Rose ist eine Rose ist eine Rose

Gertrude Stein

Liebe Lyrikfreunde,

es ist wieder Zeit für ein neues Abenteuer. Für *ein* neues Abenteuer? Birgt nicht jeder Blick ein neues Abenteuer? Gibt es etwas, was nicht durch einen Blick erfasst werden könnte? „Tja ...", würden natürlich viele antworten. Doch darauf möchte ich nicht hinaus. Sieh dich um und halte den Blick. Was siehst du? Formen, Farben, vielleicht einen Menschen, ein Tier? Dieses Bild fällt auf deine Netzhaut, weil du du bist. Kein anderer sieht es so wie du und es gibt nichts Perfekteres als diese Projektion. Alle Teile, die mehr oder weniger Kosmos darstellen, zeugen von einem Ganzen, einem Gemeinsamen, einer Liebe.

Ein Blick, ein Gedanke, eine Entscheidung. Für das Leben, das dich liebt, das dich *genau dafür* liebt.

Stephan von Spalden im Sommer 2017

Gedankenverwertung

Ein paar Blätter drehen sich über den Asphalt
Wie ein Karussell des vergangenen Lebens
Wie so manche Gedanken
An der Oberfläche der Seele

Wie unbeschwert das Tanzen, rotbraun im Sonnenlicht
Ein Reigen des Vergänglichen für das Neue
Noch unerkennbar, ein bisschen Humus
Wenn es zerfällt

Es ist doch etwas irrsinnig
Etwas zu lauschen, das doch nur darauf wartet
Zu zerfallen

Lassen wir sie stürmische Zeiten
Dorthin tragen
Wo die Blumen blühen

Himmlische Paarung

Aufgrund zahlreicher Veränderungen
Besteht immer noch die Möglichkeit
Um das Geschenk
Der Genugtuung

Es sieht doch keiner auf die Uhr
Es sei denn
Sie tickt

Ganz einfach geht es weiter
Die Frühlingsblumen blühen
Weil die Vereinigung zwischen Mann und Frau

Einfach Liebe ist

Auffahrtswege

Was soll man dazu sagen?
Viele Auffahrtswege sind geteert
Fast sogar einengend und trotzdem
Wachsen Blumen dort

Es leuchten die Sterne darüber
Als wüssten sie, dass alles ihnen gehört
Als sei alles durchseelt
Wie der Wald mit seinen Tieren

Die aufgehende Sonne zeugt noch mehr davon
Und sprengt sogar die Auffahrtswege (die geteerten)
Die Erde ist glücklich
Die Liebe sprengt eben alles

Freiheit der Worte

Freiheit der Worte ist ein Spiegel
Auf dem du kniest
Komme heim, pack die Peitsche
Die doch nur eine Seelenwurzel ist

Die Raben sitzen auf dem Baum, der Mond hängt am
Himmelszelt
Als wüssten beide nichts Genaues
Dazwischen ist der Raum
In dem die Träume wachsen

Du bist so wunderschön, das leise
Rascheln der Blätter auf besondere Weise
Geschuldet dir, die Dächer voller Katzen
Wenn sie dahin gehören

Der Kuss

Ein Lied steigt durch die Lüfte
Der Reigen nah beseelt, der Duft
Helle Farben und Insektengewirr im Grün
Der Wiesen in der Sommerluft

Den Blütenstaub in der Mähne, trabt vorfreudig weiter
Mit mir als seinen Hinkelstein
Einem rückenbeschwerenden Begleiter
Die Sonne brennt und flüstert leise:

Ein paar Minuten!
Dann bist du beim Tanz!
Saugt dich auf wie das Leben und die Liebe
Ein Kuss bis in die Ewigkeit

In der Hitze schmilzt der Mund der Liebsten
Implosion saugt Musik
Mensch und Tier und Gras herum
Aus einem Liebes-Kern

Kernig auch das Abendmahl
Das wieder fügt die Seele an den Leib
Selbst der Spirit schwappt im Gral
Gedichtet, was für dich ich schreib

Licht

Tropfen fallen
Prallen auf die Erde
Immer weiter
Liebevoll, harmonisch

Draußen fliegt eine Amsel, ich glaube
Ein Männchen, schnell und
Zielgerichtet
In die Laube

Der Wind säuselt extra
Die Wassertropfen fallen
Das Licht ist trübe
Es sieht sein Frauchen: Liebe

Erstaunlich

Erstaunlich ist, wie der Regen fällt
Reinigt, das Land, die Geister
Kleine Flüsschen sich bilden
Bis in den ersten Sonnenstrahlen
Ein paar Vöglein zwitschern

Erstaunlich ist die Liebe, wie sie fällt
Unerwartet, unaufhaltsam wie ein Meteor
Eine Reise mitten ins Herz
Das allen erzählt
Wie es gefällt

Erstaunlich bist du, wie du schaust
Wie du dich bewegst, wie du lachst
Und wie du bist
Immer genau richtig
Ein Meteor, benetztes Gras
Reif für den Sonnenstrahl

Ewigkeit

Ich bleibe stehen
Vor einem alten Eisentor
Mauern, aus denen Pflanzen wachsen
Die Fesseln, die gesprengt haben

Ich sehe mich um
Ein paar Menschen gehen vorbei
Ein paar Drosseln sitzen auf der Leitung
Ein LKW rast vorbei

Die Pflanzen wachsen weiter, wurzeln, zersetzen
Das Mauerwerk
In der Zeit, die es nicht gibt
Ewigkeit fühlt sich stets geliebt

Aufwachen mit dir

In Liebe aufgewacht
Der Mond schaut schon etwas blass auf den Tau
Das Tao ist tatsächlich überall
Ich blick dich an und sage: Wow!

Getankt bei Mutter Erde
Nachts, Melatonin hat dich nochmal verschönert
Und mit dir die ganze Welt
Ein leichtes Lächeln auf den Lippen

Seh dich an, gute Wellen, guter Teint
Eingefangen schon am Vortag
Wie der Flügelschlag der Eule
Ein Glück, dass neben dir ich lag

Sommerregen

Es reagiert nur eine geringe Anzahl von Personen
Auf Veränderungen
Die einen bemerken es nicht, die anderen wollen schonen
Aber wen?

Ausgezeichnet für die Veränderung, ein Schlag in Styroporkugeln
So leicht kann man sich durchsetzen
Verpflichtet einen das nicht auch?

Die Königin lebt von den Drohnen
Die Drohnen von den Pollen
Ist es mit der Macht nicht genau umgekehrt?

Die Scheinwerfer leuchten durch die Nacht
So als würde der Sommerregen nur vorbeifließen
Und doch ist es letztendlich er
Der die Hitze erträglich macht

Mauern hinter Weiden

Es bricht nur manchmal ein bisschen Licht
Durch Äste und raschelnde Blätter
Sich wiegend im Sommersonnenwind
Zusammen eine rauschende Hintergrundkulisse

Es strahlt auf schroffes Mauerwerk, Spalten und Risse
Auf kleine Steinchen, die dazwischen sitzen
Und auch auf die spitzen Kanten
Die der Witterung noch trotzen

Der Nachmittag spannt so kräftig seine Flügel
Dass man selbst keine Rasenmäher mehr hört
Als ob solche Geräusche auch nur durch ein Bild
entstünden

Auf Erdes großen Baum und dessen Blättern
Findet sich das meiste Licht
Doch ein kurzer Blick genügt
Um zu sehen, dass dies sich (von Zeit zu Zeit)
Einem Mauerblümchen hingibt

Ein paar Möwen ziehen über uns hinweg
(Uns, das sind wir alle)
Alles ist von oben Schönheit
Weil es zerfällt und entsteht

Die Entscheidung ist richtig
Hier zu sitzen und zu lauschen
Den Ästen, den Blättern, ihrem Rauschen
Um zu sehen, dass das Blümchen immer da ist

Landidylle

Ein Lichtstrahl schneidet durch die Fluren
Ein Traktor rattert schnell vorbei
Ein Sperling huscht durch schützendes Geäst
Eine Katze beginnt zu jagen, bis sie es belässt

Das ist Idylle!
Doch: Es ist hart, hart früh aufzustehen
Zu mähen, zu melken, zu rechnen
Zu jäten
Und zu säen

Doch was man sät, das erntet man
Und so sitzt der Bauer, hüpft und lacht
Auf seinem Traktor, auf dem er ganz klar sieht:
Die Katze hält den Hof bewacht

In einer kleinen Gemeinde zwischen Landsberg am Lech und Augsburg steht eine besondere Linde. Hunderte Jahre ist sie alt und so prächtig und mächtig thront sie auf ihrem kleinen Hügel und schaut über das Lechfeld.

Liest man das Schildchen, das am nordwestlichen Fuße des Hügels steht, erfährt man von einem Raubritterschloss, das hier versunken sein soll. Der Erdboden nahm es auf. Waren es die Schandtaten? War es der Abfall von der Liebe? Ich gehe davon aus, dass das Schloss doch einst mit Liebe erbaut, jedoch später erobert wurde. Der Baum, der darauf wuchs, wurde später zur Halsgerichtsbarkeit genutzt.

Eines ist doch bemerkenswert: Der Schatz, der unter der Linde verschüttet liegt, offenbart sich dem, der siebenmal ohne Luft zu holen den Hügel umrunden kann. Tja, die Zahl Sieben. Und Metaphern. Aber einen Schatz gibt es.

Die Linde von Hurlach

In Ebene so tief wie Fluss
Der Rausch des Lechs ist längst verschwunden
Wo der Wall gibt dem Himmel einen Kuss
Ein Zauber ist gebunden

Ein Lindenbaum so wächst ganz wohle hier
Wie erstreckt er sich nach drüben
Zu Raubenden in ehrenwerten Mauern
Und jenen, die hier hängen blieben

Doch ein Schloss gebaut aus wahrer Liebe
Von der Strömung längst verschlungen
Stand am Fuße jener Triebe
Denen Wohlstand war gelungen

Verraten und von Gier und Sucht
Das Pflänzchen lieber war verschwunden
Und auch der Reichtum viel in jene Schlucht
Wo tiefes Erdreich ist gebunden

Alleine Leben kann dir geben
Was der Mutter Erde Schatz verspricht
Der Atem zu ihrem Schoße eben
Das Tor mit sieben Siegeln bricht

Die Schönheit der Rosen

Ausgerechnet der Laubfrosch quakt weiter
Bei herannahenden Gewittern verstummt er dennoch manchmal
Doch noch quakt er zwischen den Seerosen
Und den wenigen Quadratmetern Schilf

Eine Froschdame gesellt sich zu ihm, das Quaken gefällt
Vor allem ihr
Auch wenn die meisten Frösche ganz woanders sind
Und auch die Seerosen nicht sehen

Wie es kommt, so kommt es, aus Liebe werden Kinder
Sie spielen im Schilf, hüpfen auf Steine
Und als sie groß genug sind
Entdecken sie die Schönheit der Rosen

Blumen für die Ewigkeit

Verträumt und wunderschön
Die Jugendliebe lebt
Fort in dem Menschen
Der auf dich steht

Nimm die Rose aus dem Garten
Deiner Träume, sie zeigt
Dass du liebst und siehst
Für die Ewigkeit

Dein Auto fährt schnell, die Sonne ist heiß
Es geht nicht weiter, drehst dich im Kreis
Gib dem Menschen eine Maske
Damit er dir sagt, was er weiß

Blass und grau ein Gesicht
Das nicht von Tau benetzt
Seidig weiche Haut in deinem Licht
Das Schönste, leicht verletzt

Die Tür geht auf und vor dir steht
Das Geschenk, jeder Zweifel verliert
Sich: Ein Paar, das gemeinsam geht
Und die Maske explodiert

In tausend, abertausend Stücke
Die Geste, die du gemacht:
Blumen für die Ewigkeit
Hat Wunder vollbracht

Weg zurück

Eine Küstenlinie im grellen Tageslicht
Eine Wendeltreppe an der sich die See
Bricht

Der Spaziergang lädt die Energie des Alltags auf
Ein paar Möwen ziehen über unseren Köpfen hinweg
Die Naturgesetze sind präzise

Genug, um mich voller Freude zu dir zu drehen
Mein Herz pocht und ich sehe dich
Sehe die geschwungenen Linien
Wie einst das sanfte Rot im Mutterleib

Inferno

Einzelne Gedanken, die zu Flammen werden
Genährt aus Erinnerungen, eventuell Trügereien
Fliegen durch den Globus, die Welt
In der sie leben

Wir dichten Geschichten aus diesen kleinen
Flugzeugen
Nehmen ihre Teile wie Legobausteine und bauen
größere
Einzig die Liebe ist die Kraft
Die sie über die Wolken heben lassen

Nun leuchtet alles und brennt nicht mehr
Die Totengräber sind unten geblieben
Die Lust ist wie frische Luft
An frisch gemähten Wiesen

Fata Morgana

Die Raben sitzen auf dem flirrenden Asphalt
Als gäbe es keine Hitze nur ein Ziel:
Futtersuche
Und doch ist da mehr

Wenn Raben so sitzen auf flirrendem Asphalt
Die Nachmittagssonne beleuchtet ausschließlich
Für mich
Es ist vollkommen richtig, ein bisschen Korrektheit
In dieser abstrusen Welt

Ein unverrückbarer Fokus
Der sich sofort wieder einstellt
Sobald die Szene erkannt wurde

Mein Weg zu dir

Es fließt ein Fluss durchs Tal
Die Aue weidet sich um ihn
Doch mir ist selbst dieser Anblick Qual
Weil ich hier und nicht bei dir bin

Ich schlendere entlang des Ufers
Wilde Rosen wachsen an trockener Stell'
Lustig ist's, doch wie schön wär's
Wenn ich mich zu dir gesell'

Ich sitze nun, das Abendlicht nimmt ab
Über dem blau-grauen Wasser tiefer Seel'
Das mich berührt (am Fuß der Zeh)
Wenn ich den Zugang wähl'

Es schließt sich mir auf
Der Weg, geschlungen wie die Ranken der Rosen
Ich lege mich zur Nacht
Um dich in Träumen zu liebkosen

Irgendetwas ruft kuckuck! Vermutlich ein Kuckuck
Das tief rote Licht von Osten brennt
Herein, der Tau perlt von meiner Kleidung
Glitzert im Licht zu dir

Selig

Oja! Ich könnte lachen, könnte springen
Könnte singen, könnte jubeln
Könnte dich liebkosen
Dich umarmen
Weißt du was?
Ich tu es!

Liebe

Ich stehe hier und liebe
Dich

Der Flieder blüht nicht
Den Abendstern seh ich nicht
Die süßen Beeren schmecken nicht
Und doch tun sie es

Ich liebe dich

Der Biber

In einer formlos schönen Reihe Weiden
Wo gerade noch des Fischers Rute ersichtlich ist
Beginnt ein Baumstamm grad zu leiden
Weil ein Biber daran frisst

Platsch! Der Fluss gestaut, er schäumt und schwillt
Der Fisch gewirbelt, wird verrückt und gedrückt
Zum wirbellosen Helferlein, das sich saftig dreht und doch längst gekillt
Das Schuppentier erfreut, dass doch noch etwas glückt

Das Glöcklein ertönt – dem Fischer hebt's fast das Mützchen vom Haupt
Doch weder der Fisch noch der Wurm noch der Haken finden halt
Und während der Routinier – fast in Routine – etwas schnaubt
Eine weiterer Baumstamm knallt (flussabwärts)

Long time ago

Es war einmal vor langer Zeit
Doch noch in diesem Leben
Der Puls der Liebe schnell und frisch
Die Sinne rein, Träume, Ziele

Einzig das Zusammensein
Erhellte den Geist, Aufregung, eine Explosion
Die sich wie die Ranken einer Rose
In den Alltag pflanzte, der niemals Alltag war

Eine kleine Notiz war Freude genug
Für eine ganze Menge an Menschen
Sie brauchten nur das Glück zu haben
Satelliten zu sein

Dies göttliche Gefühl ließ und lässt mich wandeln
Als Mensch
Trägt mich nun als Wind über das Meer
Über Berg und Tal

Erkennbar

Die drastische Weiterleitung
Eines nicht zu Ende gedachten Gedankens
Ist ein richtiges
Gefühlschaos

Der Wesenszug der Unendlichkeit
Ist die Endlichkeit des Zu-Ende-Denkens
Weil vor allem der Geist
Dann irgendwann auch nicht mehr möchte

Ein bisschen was springt dann
Ein Herz, auf und ab
Und dann ist in der Morgenröte
Die Schönheit deines Gesichtes erkennbar

Auf alles

Manchmal ist das Chaos
So chaotisch
Dass der Wind aus allen Richtungen
Zu kommen scheint

Die Vögel fliegen nicht oder durcheinander
Das rauscht durch meine Seele
Und doch klopft mein Herz so taktvoll
Als wüsste es einfach
Dass die Sonne auf alles scheint

Ich sehe dich lächeln

Das Gras der Dünen wiegt sich sanft im Sommerlicht
Während das Meer pulsiert
Und zentriert die Aufmerksamkeit
Auf die Achtsamkeit

Ein paar Möwen ziehen vorüber
Und sagen nur kurz was
Ein Kommentar
Der den glänzenden Steinen im Sand auffällt

Die Gedanken nehmen sie mit
Und überlassen die Reise
Denen, die da unten sind

Meditation Movement

Es kommt auch darauf an
Es nicht zu tun
Auf der Stelle zu bleiben
Und sich der günstigen Lage bewusst sein

Es kommt auch darauf an
Der Sonne ein bisschen mehr Zeit zu geben
Das Herz zu erleuchten
Um ein bisschen mehr Lichtwesen zu sein

Es sieht so einfach aus, das Tun im Tun
Wenn der Wind bläst
Damit sich auch in der Nacht
Die Wolken bewegen

Was für eine Überschrift

Das Licht eines ganzen Jahres
Ein Ring eines Baumes
Ein kleiner Fortschritt
In einer zeitlosen Dimension

Ein Ring auf deinem Finger
Ein Licht für ein ganzes Leben
Ja, die Liebe ist zeitlos

Rose

Der Staub verteilt sich
Aufgrund der Kraft des Fußabdruckes
Ein bisschen Schmerzen die Glieder schon
Laufen wie ein Magnet durch Flammen

Die Sonne küsst mit ihrer ganzen Kraft
Doch ihre Gemahlin nährt natürlich ihre Kinder
Schiebt noch Flüssigkeit aus ihren Drüsen
Dünne Rinnsale, Lebensfäden, weiblicher Ausdruck

Der Laufschuh drückt nicht mehr
Der Geist im Ewig-Jetzt erlaubt ein bisschen Hier
Um zu erinnern

Und zu sehen, dieses Blass-Rosa auf grünen Stängeln
Immer ein bisschen Schatten
Um im Licht aufzugehen
Ich liebe dich

Liebestropfen

Die Wassertropfen fallen wie
Ein Gleichgewicht der Sinne streben
Alle in eine Richtung
Und doch einzig wie das Leben

An sich ist das Leben
Wunderschön harmonisch, lass
Dich fallen auf die Erde
Lass den Wind dich tragen

Lass die Sinne leben
Lass dir sagen, das Streben
Ist nur Wind und Schwerkraft
Einzig die Liebe kannst du geben

Stephan von Spalden wurde 1982 in Linz, Österreich, geboren. Er ist verheiratet und hat zwei Töchter. Neben seinem Beruf als Arzt schreibt er Gedichte.